Martin Kreutzer · Anne Larsen

Das **Anti-Entzündungs**-Kochbuch

Mit der richtigen Ernährung heimliche Entzündungen bekämpfen

Martin Kreutzer · Anne Larsen

Das Anti-Entzündungs-Kochbuch

Mit der richtigen Ernährung heimliche Entzündungen bekämpfen

riva

Bibliografische Information der Deutschen Nationalbibliothek
Die Deutsche Nationalbibliothek verzeichnet diese Publikation in der Deutschen Nationalbibliografie. Detaillierte bibliografische Daten sind im Internet über http://d-nb.de abrufbar.

Für Fragen und Anregungen
info@rivaverlag.de

Wichtiger Hinweis
Ausschließlich zum Zweck der besseren Lesbarkeit wurde auf eine genderspezifische Schreibweise sowie eine Mehrfachbezeichnung verzichtet. Alle personenbezogenen Bezeichnungen sind somit geschlechtsneutral zu verstehen.

5. Auflage 2023

Türkenstraße 89
80799 München
Tel.: 089 651285-0
Fax: 089 652096

Die dänische Originalausgabe erschien 2015 unter dem Titel *Antiinflammatorisk kost* bei Muusmann'forlag.

Übersetzung: Anne Görblich-Baier
Redaktion: Caroline Kazianka
Umschlaggestaltung: Marc-Torben Fischer
Umschlagabbildungen und Abbildungen im Innenteil: Stine Heilmann, www.stineheilmann.dk
Satz: inpunkt[w]o, Haiger (www.inpunktwo.de)
Druck: Florjancic Tisk d.o.o., Slowenien
Printed in the EU

ISBN Print 978-3-7423-0475-9
ISBN E-Book (PDF) 978-3-95971-563-8
ISBN E-Book (EPUB, Mobi) 978-3-95971-564-5

Weitere Informationen zum Verlag finden Sie unter

www.rivaverlag.de

Beachten Sie auch unsere weiteren Verlage unter: www.m-vg.de

Inhalt

Vorwort

Befragt nach dem großen Übeltäter unserer Zeit, in der eine fortschreitende Entwicklung von Zivilisationskrankheiten zu beobachten ist, sind sich Ärzte und Gesundheitsexperten einig, dass Diabetes, Rheuma, Alzheimer, Arteriosklerose, Überbelastungsschäden und viele andere Übel ursächlich mit Entzündungen zu tun haben. Es gibt, vereinfacht ausgedrückt, sterile Entzündungsprozesse, die durch chemische oder physikalische Reize hervorgerufen werden. Kommt es zu einer Anhäufung unglücklicher Umstände, können diese Entzündungen tickende Zeitbomben werden. Verstaucht man sich beispielsweise den Fuß, ist es natürlich und sehr zweckmäßig, dass der Körper mit Wärme und einer Schwellung reagiert. Beides schützt die lädierte Stelle und setzt den Heilungsprozess in Gang. Das Gleiche spielt sich bei einer Infektion im Körper ab. Hier wird das Immunsystem aktiviert, um die Angreifer abzuwehren. Solange die Entzündung nur von kurzer Dauer ist, stellt sie einen effektiven Schutz vor Krankheit dar. Problematisch wird es, wenn die Entzündung einen chronischen Verlauf nimmt. Dann entwickelt sie sich zu einem gefährlichen Gegner, der langfristig einen Brandherd im Körper schürt. Blutproben können Entzündungsmarker im Organismus nachweisen. Oft jedoch sind Entzündungsherde auch spürbar in Form von Gelenkschmerzen, auftretenden Ekzemen, starker Müdigkeit und anderen Hinweisen darauf, dass sich der Körper angegriffen fühlt.

Der beste Schutz vor chronischen Entzündungen ist ein bewusst antiinflammatorischer Lebensstil. Dieser lenkt den Blick auf eine gesunde Ernährungsweise, gute Schlafhygiene, ausgewogene Bewegung, Stressbewältigung und viele andere Elemente. Je mehr man dabei die verschiedenen Anforderungen hochschraubt, desto widerstandsfähiger wird der Körper. Das Ergebnis ist eine kraftvolle Konstitution, die Entzündungen sofort abwehrt.

Studien belegen, dass die Ernährung einen entscheidenden Einfluss darauf hat, ob sich eine Entzündung im Körper festsetzen kann oder nicht. Je besser man sich ernährt, desto resistenter wird man. Und das ist das Geheimnis: Omega-3-Fettsäuren von Fettfischen, Pflanzenwirkstoffe von kräftigem Kohl sowie Vitamine und Mineralstoffe aus vielen Nahrungsmitteln führen dem Körper jede Menge antiinflammatorische Kraft zu. Das Gleiche gilt für blutzuckerfreundliche Kohlenhydrate, darmstärkende Ballaststoffe von Vollkornprodukten und Grobgemüse. Außerdem gilt es einige der schlimmsten ernährungsmäßigen Aggressoren wie zum Beispiel vermeintlich harmlose Pflanzenöle zu vermeiden. Ein entzündungshemmender Lebensstil birgt ein geringeres Erkrankungsrisiko in sich und ist ein Gewinn für den Alltag. Wer unter Überbelastungsschäden von einem Training oder Verschleiß aufgrund einseitiger Arbeitsabläufe leidet, kann sich freuen, denn auch hier schafft eine Anti-Entzündungs-Ernährung Linderung. Fettfische sind das beste Beispiel dafür, wie kraftvoll Nahrung den Körper unterstützen kann. Fisch ist reich an Fischöl, den sogenannten Omega-3-Fettsäuren. Sie haben sich in vielen Versuchen als extrem entzündungshemmend erwiesen. Rein physiologisch betrachtet laufen dabei viele komplexe Mechanismen ab, die mit sogenannten Eicosanoiden zusammenhängen. Aber das ist trockene Theorie. Für Sie ist viel wichtiger zu wissen, dass es zu deutlichen Verbesserungen kommt, wenn Sie Fettfisch auf den Tisch bringen. Läufer spüren nach wenigen Wochen, dass ihre entzündeten Achillessehnen weniger schmerzen. Bei Personen mit Arthrose in den Knien funktionieren die Beine wieder besser. All jenen, die unter Kreislaufbeschwerden leiden, sind vielleicht nicht so schnell bessere Werte ihres Cholesterinspiegels beschieden. Aber sie können sich damit trösten, dass wissenschaftlich seit Langem feststeht, dass Omega-3-Fettsäuren gut für den Kreislauf sind. Forscher behaupten dies schon seit vielen Jahren und die Dokumentationen dazu werden immer umfangreicher. Beim nächsten Check Ihrer Cholesterinwerte wird Ihr Arzt sich mit Sicherheit anerkennend über die Fortschritte äußern, die Sie aufgrund Ihrer Ernährungsumstellung erzielt haben.

Entscheidend beim Thema Anti-Entzündungs-Ernährung ist, dass es nicht nur darum geht, was Sie essen, sondern vor allem darum, was Sie NICHT essen.

Studien zeigen, dass eine hohe Einnahme an Omega-6-Fettsäuren Entzündungen im Körper hervorruft. Das heißt aber nicht, dass diese Fettsäuren an sich ungesund sind. Im Gegenteil, sie sind lebensnotwendig. Wenn die eingenommene Menge jedoch zu hoch ist, bringt das Nachteile. Leider nehmen die meisten Menschen viel zu viele

Omega-6-Fettsäuren zu sich. Ganz besonders schädlich wirkt es sich aus, wenn dazu ein Mangel an Omega-3-Fettsäuren herrscht. Deshalb sollte die Zufuhr von Omega-3-Fettsäuren erhöht werden. Gelingt es Ihnen, eine Ihrer größten Omega-6-Fettsäure-Quellen zu eliminieren, verhelfen Sie damit Ihrem Körper zu wesentlich besseren Arbeitsbedingungen. Quellen für Omega-6-Fettsäuren sind unter anderem Sonnenblumen-, Distel- und Traubenkernöl. Überprüfen Sie deshalb genau die Zutatenlisten Ihrer Nahrungsmittel darauf, ob diese Öle darin vorkommen, und wählen Sie Alternativen. Das betrifft beispielsweise Thunfisch in Sonnenblumenöl, der auch in weit gesünderem Olivenöl erhältlich ist. Oder Mayonnaise, Remouladensauce und Pesto, die es mit Rapsöl und/oder Olivenöl zubereitet zu kaufen gibt, aber leider auch mit massenhaft schädlichen und billigen Ölen. Ist nur »Pflanzenöl« angegeben, enthält das Produkt mit großer Wahrscheinlichkeit eines der schlechten Öle.

Kohlenhydrate sind ein anderes wichtiges Thema. Ein starker Blutzuckeranstieg stresst die Körperzellen, was in einer verringerten Insulinsensibilität und massiven Entzündung enden kann. Ihre Ernährung sollte deshalb möglichst blutzuckerfreundlich sein. Ein Schritt in diese Richtung ist, die tägliche Kohlenhydratmenge zu reduzieren und weniger Pasta, Reis, Kartoffeln und Brot zu essen – ganz zu schweigen von Süßigkeiten und Softdrinks. Bei Übergewicht hat das zudem den positiven Effekt, dass Sie abnehmen. Denn wenn Sie zu viele Kilos mit sich herumschleppen, ist das ein enormes Entzündungsrisiko. Das trifft insbesondere dann zu, wenn es um Bauchfett geht. Eine verringerte Kohlenhydratzufuhr hat also eindeutig günstige Auswirkungen auf den gesamten Organismus. Daneben kann man vorzugsweise auch zu einer Kombination aus Kohlenhydraten und anderen Nährstoffen greifen. Untersuchungen belegen, dass Blutzuckereinflüsse sich dann abschwächen, wenn eine Kohlenhydratquelle mit Fett und Proteinen eingenommen wird. Deshalb sind alle Rezepte in diesem Buch dahingehend optimiert: Eine niedrige bis mittlere Menge Kohlenhydrate geht stets mit den passenden Mengen an Protein und Fett einher.

Die Ernährung allein schafft es nicht

Ihre Ernährung hat einen großen Einfluss auf Entzündungen in Ihrem Körper. Das heißt aber nicht, dass es allein wichtig ist, die richtige Nahrung zu sich zu nehmen, denn bei der Bekämpfung von Entzündungen spielen auch andere Faktoren eine wesentliche Rolle:

Schlaf: Achten Sie auf genügend Schlaf. Das ist eine Grundregel, die bei physischer und psychischer Belastung Ihres Körpers ganz besonders gilt. In einem wissenschaftlichen Artikel über Schlafmangel und seine Auswirkungen auf das Immunsystem betonen mexikanische Forscher, dass schlechter Schlaf deutliche Spuren in Form erhöhter Konzentration von Entzündungsmarkern im Blut hinterlässt. Wie lange Sie schlafen sollten, hängt von vielen Faktoren ab. Die meisten Menschen brauchen etwa sieben bis acht Stunden Schlaf. Wenn Sie frisch und ausgeruht am Morgen erwachen, ist das ein sicheres Zeichen dafür, dass die Schlafmenge und -qualität ausreichend waren. Wer dagegen das Gefühl hat, dass der Wecker ihn morgens aus den schönsten Träumen reißt, und wer Probleme hat, auf Touren zu kommen, sollte unbedingt seine Schlafzeit optimieren. Eine Möglichkeit wäre, etwas früher zu Bett zu gehen. Genauso wichtig ist es, optimale Voraussetzungen zu schaffen, damit Sie gut und tief schlafen können. Das Beste, was Sie machen können, ist, alle Lichtquellen abzustellen. Untersuchungen zeigen, dass das Licht von Computerbildschirmen, Tablets und Smartphones die Melatoninproduktion hemmt. Melatonin ist das Schlafhormon des Menschen und wir produzieren es vor dem Schlafen. Starren wir auf den Computerbildschirm oder setzen uns scharfem Licht aus, kommt es zu einem Abbau des Melatonins. Das ist gut so, aber nicht zweckmäßig, wenn es Schlafenszeit ist. Zu einer guten, vernünftigen Schlafroutine gehört daher eine verringerte Lichteinwirkung in den letzten Stunden vor dem Zubettgehen. Unterlassen Sie es auch, vor dem Schlafengehen noch schnell potenziell stresserzeugende E-Mails zu checken. Und entscheiden Sie sich für die koffeinfreie Variante, wenn Sie Lust auf eine Tasse Kaffee in den frühen Abendstunden haben.

Stressbewältigung: Psychischer Stress kann aufgrund eines geschwächten Immunsystems Entzündungen im Körper hervorrufen. Das ist bestens dokumentiert wie auch die traurige Tatsache, dass Menschen, die unter psychischem Stress leiden, eine Reihe körperlicher Probleme entwickeln können. Ein entzündungshemmender Lebensstil beinhaltet notwendigerweise auch eine Untersuchung aller Faktoren, die Stress im Alltag verursachen. Oft beruht Stress auf Überbeanspruchung im Job. Hier müssen die eigenen Anforderungen und die der anderen überprüft, geklärt und auf ein erträgliches Maß gesenkt werden. Auch Beziehungsprobleme, Krankheitsfälle in der Familie und viele andere Faktoren können Stress bedingen. Manchmal ist es schwer zu bewältigen, was einem das Leben so alles abverlangt. Oftmals bedarf es professioneller Hilfe, um einem Problem auf den Grund zu kommen. Das muss nicht sein, aber die Belohnung in Form eines spürbar minimierten Entzündungsrisikos wäre es in jedem Fall wert.

Wenn Sie dabei sind, die Ursachen für psychischen Stress zu ergründen, dann schauen Sie auch auf die Faktoren für physischen Stress. Rauchen und größere Mengen Alkohol sind zwei davon. Sie bedeuten Stress für jede einzelne Zelle in Ihrem Körper. Wenn Sie diese schlechten Angewohnheiten einschränken, erweisen Sie sich einen unglaublich großen Dienst.

Ausgewogene Bewegung: Bewegung ist ein zweischneidiges Schwert. Tun Sie zu wenig, führt das zu einem geschwächten Immunsystem und einem erhöhten Entzündungsrisiko. Übertreiben Sie, kann das aber genauso gut den Entzündungsgrad steigern. Wie bei so vielem im Leben heißt es auch hier, den goldenen Mittelweg zu finden. Wie viel Bewegung das bei jedem Einzelnen bedeutet, hängt von vielen Dingen ab: Ihrer aktuellen körperlichen Verfassung, der Trainingsintensität und der jeweiligen Art der Bewegung. Wenn Sie früher nie gejoggt sind, sollten Sie vorsichtig zu Werk gehen. Selbst eine kurze Strecke in schnellerem Tempo hinterlässt deutliche Spuren in Ihrem Körper. Der Grund: Ihr Körper wird überbelastet. Das zeigt sich durch mikroskopisch feine Schäden an den Muskelfasern, Abnutzung der Sehnen und Reizung derjenigen Schleimbeutel, über die Sehnen laufen, wie beispielsweise am Kniegelenk. Diese kleinen Überbelastungen ziehen Entzündungen nach sich. Das ist eine natürliche Folge Ihres Trainings und als solche wünschenswert, denn durch die Überbelastung passt sich der Körper an und wird stärker. Allerdings handelt es sich dabei um eine akute, kurzfristige Entzündung. Wird sie chronisch, mutiert sie zum Problem. Der Schmerz beginnt Sie im Training zu hemmen, das Verletzungsrisiko steigt und die Entzündung kann sich im Körper ausbreiten. Ein wichtiger Schritt zu einem gesunden Bewegungsmodus ist daher die Balance zwischen Belastung und Ruhe – und eine unterstützende Ernährung, die Entzündungen in Schach hält.

NAHRUNGS-MITTEL

Lachs

Deshalb ist er gesund: Lachs gehört auf der Liste entzündungshemmender Nahrungsmittel zu den absoluten Spitzenreitern. Das beruht zum einen auf mehreren besonders effektiven Nährstoffen, zum anderen auf dem großen Gehalt an Fischölen, den sogenannten Omega-3-Fettsäuren. Es ist inzwischen ausreichend bewiesen, dass eine Ernährung, die reich an Omega-3-Fettsäuren ist, die Widerstandskraft des Immunsystems stärkt. Das wiederum führt dazu, dass schwelende Entzündungen im Körper im Keim erstickt werden. Viele Läufer haben bereits die Magie des Fischöls am eigenen Körper erfahren, wenn sie im Falle von schmerzenden Knien auf Fischölkapseln zurückgegriffen haben. Innerhalb kurzer Zeit nahmen die Schmerzen spürbar ab und in vielen Fällen verschwanden sie ganz. Warum dann aber nicht gleich nur Kapseln einnehmen? Ganz einfach deshalb, weil Lachs und andere Fettfische mehr als nur Omega-3-Fettsäuren liefern. Fisch ist eine wichtige Quelle für Vitamin D, das das Immunsystem und die Knochen stärkt, für Selen, ein kräftiges Antioxidans, das Entzündungen eindämmt, und nicht zuletzt für muskelaufbauende Proteine. Gleichzeitig ist es gesund, Fisch zu essen, was nicht unbedingt für den Konsum größerer Mengen von rotem Fleisch und Wurst gilt.

So viel sollten Sie davon essen: Die meisten Menschen verzehren im Durchschnitt viel zu wenig Fisch, als dass dadurch ein nachhaltiger Effekt erzielt werden könnte. 50–75 Gramm Fettfisch pro Tag wären gut. Das entspricht einem halben Lachssteak. Weniger ist zwar auch gesund, aber nicht ausreichend.

Gute Alternativen: Fettfische sind großartige Quellen für Omega-3-Fettsäuren. Deshalb können Sie gerne zwischen Lachs, Makrele, Hering, Forelle und Heilbutt wählen. Zugegeben, frischer Fisch vom Händler schmeckt am besten. Für den Gesundheitsaspekt ist es jedoch kein Problem, auf marinierten Hering oder Makrele in Tomatensauce zurückzugreifen. Neben dem Fettfisch sind auch Meeresfrüchte interessant. Muscheln, Hummer und Garnelen liefern kraftvolle Omega-3-Fettsäuren, wenn auch geringer konzentriert als bei Fettfisch.

Quinoa

Deshalb ist sie gesund: Quinoa gehört zu den unterschätzten Perlen im Nahrungsmittelbereich. Dabei verbergen sich hinter dem unansehnlichen Äußeren kraftvolle Stoffe, die den Organismus stärken. Vor allem sind die senfkorngroßen Samen sehr ballaststoffreich, sättigend und schenken in höchstem Maße Gesundheit. Studien zeigen, dass ballaststoffreiche Ernährung den Cholesterinspiegel positiv beeinflusst und das Risiko reduziert, an einigen Krebsarten zu erkranken. Gleichzeitig sind Faserstoffe Nahrung für die Darmbakterien, was zu einer stabilen Immunabwehr und verminderten Entzündungsrisiken führt. Wie bereits gesagt, kann eine Kost, die reich an Omega-3-Fettsäuren ist, das Immunsystem zu erhöhter Widerstandskraft anregen. Die Quinoa-Samen weisen viele Omega-3-Fettsäuren auf Pflanzenbasis auf. Sie gehen Hand in Hand mit sättigenden Proteinen und einer langen Reihe wertvoller Vitamine und Mineralstoffe.

So viel sollten Sie davon essen: Auch wenn es sich bei Quinoa um Samen handelt, entspricht die Zubereitung der von Reis und Bulgur. Deshalb kann Quinoa als gesundes Füllmaterial in Salaten dienen, unter Saucen gemischt oder in Bällchen eingebacken werden. Es gibt keine Regel, wie viel Sie davon essen sollten. Die Devise lautet: je mehr, desto besser. Bei einer Hauptmahlzeit liegt die Menge zwischen 25 und 75 Gramm. Das hängt weitgehend von den sonstigen Bestandteilen des Gerichtes ab.

Gute Alternativen: Quinoa besitzt aufgrund ihrer einzigartigen Zusammensetzung einen Sonderstatus. Roggenkörner, Gerstengraupen, Vollkornbulgur und brauner Reis liefern jedoch ebenfalls einen Teil der gleichen wertvollen Stoffe.

Walnüsse

Deshalb sind sie gesund: Lassen Sie sich nicht von der hohen Kalorienmenge abschrecken! Walnüsse sind vollgepackt mit gesunden Stoffen für den Körper. Mit der größte Vorzug bei Nüssen ist der immense Gehalt an Omega-3-Fettsäuren. Sie bekämpfen aufflammende Entzündungen und werden auch zum Aufbau frischer Gehirnzellen benötigt. Zum gesunden Fett gesellen sich Ballaststoffe, die für einen intakten und kräftigen Magen-Darm-Trakt sorgen, und Vitamin E, das mit zum wirkungsvollsten Antioxidans der Natur gehört. Antioxidantien unterstützen das Immunsystem, indem sie die Körperzellen vor Zerstörung schützen. Gleichzeitig helfen sie beim Aufbau von Kräften zur Bekämpfung von Entzündungen und wirken somit indirekt entzündungshemmend.

So viel sollten Sie davon essen: Da die Nährstoffe in der Walnuss so zahlreich vertreten sind, bedarf es keiner großen Menge, um einen positiven Effekt zu erzielen. Wenn Sie 20–25 Gramm davon in Ihre tägliche Ernährung einbauen, ist das ein guter Beitrag für Ihre Gesundheit. Um auf diese Tagesration zu kommen, integrieren Sie bewusst Walnüsse beispielsweise in Salate, Brotteige oder auch Sauermilchprodukte.

Gute Alternativen: Andere Nüsse wie Hasel- und Paranüsse besitzen zwar viel von den Qualitäten einer Walnuss, können aber im Vergleich dazu nicht mithalten. Denken Sie daran, wenn Sie das Essen mit Nüssen anreichern möchten. Alternativ können Sie beim Backen Walnussöl verwenden. Das Öl liefert die gleichen gesunden Fettsäuren wie die Nüsse. Leinsamen enthalten eine Menge pflanzlicher Omega-3-Fettsäuren und können in dieser Hinsicht an die Walnüsse heranreichen, sie vielleicht sogar übertreffen.

Gerste

Deshalb ist sie gesund: Gerste ist ein Universalgetreide. Wie auch bei anderer Vollkornkost nimmt man durch sie viele überwiegend lösliche Ballaststoffe auf. Diese binden Wasser und lassen im Darmtrakt eine weiche Füllung entstehen, was die Verdauung fördert und den Stoffwechsel anregt. Potenzielle Giftstoffe, die in den Verdauungstrakt gelangt sind, kommen dadurch weniger mit den Darminnenwänden in Kontakt. Denn genau diese Provokation des Darmes ist die Ursache für das Entstehen großer Entzündungsherde im Körper. Teile der Ballaststoffe in der Gerste stimulieren jedoch auch das Wachstum gesunder Darmbakterien. Das hilft, eine starke Darmflora aufzubauen, die für einen intakten Körper wichtig ist. Dennoch sind Ballaststoffe bei Weitem nicht der einzige Vorteil der Gerste. In ihr verbergen sich mehrere immunsystemstärkende Stoffe, die dem Körper Kraft geben, aufkeimende Entzündungen abzuwehren.

So viel sollten Sie davon essen: Bauen Sie täglich Gerste – und anderes Vollkorn – in Ihren Speiseplan ein; es sei denn, Sie vertragen sie aus irgendeinem Grund nicht. Offizielle Ernährungsempfehlungen gehen von mindestens 75 Gramm Vollkorn pro Tag aus. Diese Menge deckt einen großen Teil Ihres Bedarfs an Ballaststoffen und anderen wertvollen Stoffen, ohne sich übermäßig stark auf die Kalorienanzahl auszuwirken.

Gute Alternativen: Für eine gesunde Ernährung eignen sich außer Gerste auch Roggen, Dinkelvollkorn und Hafer. Ebenso Dinkel- und Gerstengraupen. Im Grunde sind die zwar kein Vollkorn, da man bei ihnen mit Spezialmaschinen die grobe Außenschale entfernt, aber die Menge an Ballast- und sonstigen Nährstoffen ist so hoch, dass sie das reine Vollkorn ohne Weiteres ersetzen können.

Ingwer

Deshalb ist er gesund: Schon beim Hineinbeißen spürt man, wie viel Kraft in dieser Wurzel steckt. Die gesundheitsfördernden Potenziale des Ingwers wurden in naturwissenschaftlichen Untersuchungen nachgewiesen. Sie zeigen, dass Ingwer mit zu den wirkungsvollsten Entzündungshemmern gehört, die man in die Ernährung einbauen kann. Viele Menschen mit Gliedergicht haben das erkannt und essen die Wurzel oder nehmen Ingwerpräparate. Die aktiven Komponenten der Wurzel können nicht nur Gichtleiden bekämpfen, sondern alle Formen von Entzündungen. Die Wirkung entspringt speziellen Pflanzenstoffen, sogenannten Gingerolen. Diese entfalten gewaltige Kräfte bei der Bekämpfung von Entzündungen, die im Körper toben. Außer Gingerolen enthält Ingwer viele ätherische Öle, die die Verdauung fördern und antiseptisch im Körper wirken. Dadurch werden potenziell schädliche Bakterien eliminiert.

So viel sollten Sie davon essen: Schon ein kleines Stück Ingwer enthält so viele Wirkstoffe, dass Sie bei der Einnahme spürbare Effekte erzielen. Deshalb reicht es aus, nur einen Zentimeter davon in ein Gericht zu geben. Wahlweise können Sie sich einen kräftigen Gesundheitstee mit Ingwer brühen oder ihn mithilfe des Mixers zu einem leckeren Smoothie verarbeiten.

Gute Alternativen: Die Aktivstoffe im Ingwer sind so einzigartig, dass andere Zutaten nicht mithalten können. Eine Alternative zu rohem Ingwer im Essen wären Ingwerpräparate aus der Apotheke. Auch die ingwerähnliche Kurkumawurzel mit ihrer aktiven Komponente Curcumin bietet sich an. In vielen Versuchen bewies sie ihre entzündungshemmende Wirkkraft und generelle Stärke in einem Maß, dass selbst Krebsforscher sie inzwischen aufmerksam studieren.

Minze

Deshalb ist sie gesund: Der frische Geschmack der Minze macht deutlich, wie reich sie an ätherischen Ölen ist. Diese töten Bakterien ab und schützen so den Körper vor Krankheit. Eine klassische Fähigkeit der Minze ist, aufkeimende Halsschmerzen zu bekämpfen und somit das Immunsystem zu entlasten. Generell schätzen die Luftwege Minze sehr. Das ist auch der Grund, warum Menthol, das aus Pfefferminzöl extrahiert wird, als nicht verschreibungspflichtiges Medikament für Atemwegserkrankungen so beliebt ist. Ätherische Öle wirken auch beruhigend auf den Magen und können indirekt die Verdauung fördern. Studien zeigen, dass die ätherischen Öle der Minze ebenso lindernd auf einen Reizdarm einwirken. Neben den Ölen finden sich immunsystemstärkende Antioxidantien, die die Zellen des Körpers vor oxidativem Stress schützen und somit verhindern können, dass sich Entzündungen festsetzen.

So viel sollten Sie davon essen: Sparen Sie nicht an Minze und anderen frischen Würzkräutern! Hier wirken selbst kleine Mengen gesundheitsfördernd. Machen Sie es sich zur Gewohnheit, Ihren Gerichten mit einer Handvoll frischen Kräutern Saft und Kraft zu verleihen. Dann sind Sie auf dem richtigen Weg. Mehr braucht es nicht.

Gute Alternativen: Viele Kräuter enthalten ätherische Öle. Das trifft unter anderem auf Schnittlauch, Dill und Thymian zu. Sie sind alle ein guter Ersatz für Minze.

Heidelbeeren

Deshalb sind sie gesund: Zerdrückt man eine Heidelbeere zwischen den Fingern, lässt die dunkle Farbe des Saftes klar erkennen, dass diese Beere mit einem der besten Wirkstoffe der Natur angereichert ist. Der blauviolette Farbstoff entstammt Anthocyanen, mikroskopischen Pflanzenstoffen, die das Immunsystem stärken. Studien belegen, dass der Konsum einiger Hundert Gramm Beeren vor harten Trainingsbelastungen die Schmerzempfindlichkeit in den kommenden Tagen senkt. Andere Versuche zeigen, dass Anthocyane Entzündungskrankheiten stoppen können, die das Gehirn und den Kreislauf betreffen. Tierversuche bestätigen, dass die Wirkstoffe der Beere Entzündungen bis zu 50 Prozent reduzieren. Warum sollte das nicht auch bei Menschen der Fall sein? Allein dieser wirkungsvollen Stoffe wegen sollte man Heidelbeeren essen. Darüber hinaus besitzen sie noch andere Qualitäten: Sie sind reich an Vitamin C. Das unterstützt die Immunabwehr, fördert die Aufnahme von Eisen im Körper und kräftigt Glieder und Sehnen. Nicht zu vergessen die Ballaststoffe, die den Magen-Darm-Trakt schonen, und die langsamen Kohlenhydrate, die den Blutzucker stabil halten.

So viel sollten Sie davon essen: Wenn Sie zwischen 50 und 100 Gramm Beeren pro Tag verzehren, leisten Sie damit einen großen Beitrag für die Gesundheit Ihres Körpers. Falls keine frischen Beeren verfügbar sind, greifen Sie einfach zu eingefrorenen Varianten. Nährwertanalysen von Tiefkühl-Früchten und Tiefkühl-Gemüse zeigen, dass sie Frischware diesbezüglich in nahezu nichts nachstehen.

Gute Alternativen: Es müssen nicht jeden Tag Heidelbeeren sein. Dunkle Kirschen, Brombeeren, Himbeeren, Holunderbeeren und nicht zuletzt Schwarze Johannisbeeren sind alle ein vortrefflicher Ersatz.

Grünkohl

Deshalb ist er gesund: Im Kohl steckt viel Gesundes. Aus entzündungshemmender Sicht betrifft das speziell seine mikroskopischen Pflanzenstoffe. Analysen belegen, dass die Substanzen im Grünkohl extrem kraftvoll sind und dem Körper enorm viel Power verleihen. So wie bei den blauvioletten Beeren Anthocyane als Kraftspender auftreten, sind es beim Kohl Glucosinolate. Sie werden im Körper in wirkungsvolle Bestandteile zerlegt, die Schutz vor verschiedenen Krebsarten bieten können. Gleichzeitig unterstützen sie die Immunabwehr. Das tun auch viele andere, ähnliche Pflanzenstoffe, die man in Zwiebeln, Karotten und sonstigen gesunden Rohstoffen findet. Auch was Ballaststoffe angeht, punktet Grünkohl. Sie verbessern die Magen-Darm-Tätigkeit und haben einen günstigen Einfluss auf den Cholesterinspiegel. Wertvolle Nahrungsstoffe wie Vitamin A und C runden die außerordentlichen Qualitäten des Grünkohls ab.

So viel sollten Sie davon essen: Letztlich setzt eigentlich nur der Magen dem Verzehr von Grünkohl Grenzen. Bauen Sie einfach etwas Kohl in eines der täglichen Gerichte ein und verzehren Sie einige Hundert Gramm davon.

Gute Alternativen: Sie müssen sich nicht nur auf Grünkohl beschränken, um den Körper mit stärkenden Stoffen zu versorgen. Andere Kohlarten wie Rosenkohl, Brokkoli, Blumen-, Rot- und Weißkohl, aber auch etwas exotischere wie Schwarzkohl und Wirsing liefern massenhaft Kraftstoffe. Schaffen Sie es, einige Hundert Gramm der einen oder anderen Sorte täglich zu essen, ist das ein Meilenstein auf dem Weg zur Gesundheit.

Tomate

Deshalb ist sie gesund: Sie besitzt einen milden Geschmack und wenig Kalorien. Kein Wunder also, dass viele Menschen Tomaten lieben. Rein ernährungsmäßig ist es speziell die rote Farbe, die sie so interessant macht. Sie rührt von dem Pflanzenwirkstoff Lycopin her, einem äußerst wirksamen Antioxidans. Versuche haben gezeigt, dass hohe Einnahmen von Lycopin Entzündungen im Körper bekämpfen und günstige Auswirkungen auf die Lunge haben. Darüber hinaus versorgt Sie die Tomate mit Vitamin C. Das ist Gold wert, wenn Sie sich viel bewegen. Studien belegen, dass sich das Erkältungsrisiko halbiert, wenn bei angestrengtem Training große Mengen dieses Vitamins eingenommen werden. Der Grund: Vitamin C stärkt, genau wie Lycopin, die Immunabwehr, sodass der Körper besser für Angriffe von Bakterien gerüstet ist.

So viel sollten Sie davon essen: Wenn Sie täglich einige Tomaten essen, sind Sie auf dem richtigen Weg. Es müssen gar nicht frische sein, Konserven tun es auch und Sie können Ihre Tomaten gerne kochen. Versuche haben ergeben, dass eine Hitzebehandlung vom gesundheitlichen Standpunkt aus betrachtet grundsätzlich angemessen ist, da bei der Erwärmung die Zellen der Tomate gesprengt werden, sodass Lycopin freigesetzt wird und damit leichter vom Körper aufgenommen werden kann.

Gute Alternativen: Tomaten haben einen enorm hohen Gehalt an Lycopin. Deshalb ist es optimal, täglich Tomaten zu essen. Das kann in Form frischer Tomaten sein, geschälter Tomaten oder Tomatenmark. Bei Letztgenanntem sind die Nährstoffe so konzentriert, dass selbst kleine Mengen einen wertvollen Beitrag leisten. Wenn Sie Tomaten nicht mögen, bieten sich ersatzweise zum Beispiel Papaya und Wassermelone an.

Knoblauch

Deshalb ist er gesund: Knoblauch besitzt neben seinem aromatischen Geschmack auch einen sehr charakteristischen Duft. Dieser entstammt den Stoffen Alliin und Allicin, die trotz mikroskopischer Größe erstaunlich kraftvoll sind. Studien zeigen, dass diese Stoffe Reaktionen im Körper stoppen, die Entzündungen hervorrufen. Auch wenn die genannten Wirkstoffe voll im Rampenlicht stehen, heißt das nicht, dass nur sie zur Stärkung des Organismus beitragen. Weitere gute Eigenschaften werden intensiv erforscht. Viele der aktiven Pflanzenstoffe des Knoblauchs genießen das Wohlwollen von Herzspezialisten, weil man herausfand, dass diese Stoffe es schaffen, den Cholesterinspiegel zu senken. Gleichzeitig können die Blutgefäße entspannen und das Risiko zu platzen verringert sich. Möglicherweise kann Knoblauch auch den Abbau von gesundheitsschädlichem Bauchfett günstig beeinflussen.

So viel sollten Sie davon essen: Ein bis zwei Zehen im Essen sorgen für viel Saft und Kraft. Richtig intensiv wirkt die gepresste Zehe, wenn man sie fünf bis zehn Minuten ruhen lässt. Im folgenden Prozess vereinigen sich die aktiven Komponenten und lassen besonders kraftvolle Schwefelverbindungen entstehen. Sie heben die Stärke des Knoblauchs auf eine neue Stufe.

Gute Alternativen: Knoblauch nimmt durch seine enorme Menge an aktiven Komponenten einen absoluten Sonderstatus ein. Generell sind gelbe und rote Zwiebeln genauso reich an stärkenden Pflanzenstoffen, wenn auch in anderer Form, und eine wohlschmeckende Alternative oder ein Ersatz für Knoblauch.

Avocado

Deshalb ist sie gesund: Die Frucht enthält neben vielen Ballaststoffen auch Vitamin E. Ballaststoffe stärken das Magen-Darm-System und begünstigen eine gesunde Darmflora. Forscher schätzen, dass die Zusammensetzung der Darmflora zu 70–80 Prozent für ein intaktes Immunsystem verantwortlich ist. Deshalb ist es wichtig, den richtigen Bakterien Nahrung zur Vermehrung zu geben. Vitamin E hat eine andere Bedeutung für die Abwehrkräfte des Körpers. Studien zeigen, dass dieses Vitamin den Organismus vor Zytokinen schützt, die bei Entzündungsprozessen eine wichtige Rolle spielen. Ein Extraplus der Avocado sind ihre einfach ungesättigten Fettsäuren aus der MUFA-Familie (Abkürzung für *monounsaturated fatty acids*). Sie unterstützen den Kreislauf und werden als entscheidende Faktoren dafür angesehen, dass die Mittelmeerküche sich als so enorm gesund erweist.

So viel sollten Sie davon essen: Es ist verlockend, das alte Sprichwort zu strapazieren und zu behaupten, eine Avocado am Tag erspare den Besuch beim Arzt. Dennoch wäre es unbestritten eine gute Sache, täglich eine halbe oder ganze Avocado zu essen. Egal, ob als Beilage zum Salat, zu einer Guacamole püriert oder als Teil eines leckeren Snacks.

Gute Alternativen: Oliven sind ein guter Ersatz für Avocados. Sie teilen zwar nicht den hohen Gehalt an Vitamin E mit ihnen, sind aber ähnlich reich an herzfreundlichen MUFA. Eine andere Möglichkeit wären Mandeln und Haselnüsse. Beide besitzen neben vielen Vitaminen und Ballaststoffen eine gesunde Fettsäurezusammensetzung.

Rote Bete

Deshalb sind sie gesund: Rote Beten ziehen aufgrund ihres leistungssteigernden Effekts schon seit längerer Zeit die Aufmerksamkeit auf sich. Wenn Sie Ihr Lauftempo steigern möchten, dann gehören diese Powerknollen unbedingt auf Ihren »Sport«-Speiseplan. Dieses Wurzelgemüse hat jedoch noch viel mehr zu bieten. Studien belegen, dass Rote Beten über Stoffe verfügen, die den Blutdruck erheblich zu senken vermögen. Außerdem sind sie starke Entzündungshemmer und ein effektives Mittel zur Bekämpfung chronischer Entzündungen.

So viel sollten Sie davon essen: Hier gibt es keine Begrenzung nach oben. Bei den meisten klinischen Versuchen lag die Einnahme zwischen 400 und 500 Gramm pro Tag. Auch wenn Sie diese Menge nicht unbedingt täglich verzehren möchten, könnte sie ein Ansporn dafür sein, Rote Beten mehrmals in der Woche in den Speiseplan einzubauen.

Gute Alternativen: Für den blutdrucksenkenden Effekt sorgt Nitrat, das sich auch in Spinat, grünem Salat, grünen Bohnen und zahlreichen weiteren Gemüsen findet. Die Rote Bete verdankt jedoch ihre Qualitäten vielen anderen Stoffen, inklusive mikroskopischer Pflanzenstoffe, die ihr ihre charakteristische Farbe geben. In ihrer Funktion erinnern diese stark an die blauvioletten Anthocyane etwa der Schwarzen Johannis- und Heidelbeeren. In dieser Hinsicht stellen diese beiden auch eine gute Alternative dar.

Die Top 25 der entzündungshemmenden Nahrungsmittel

- Lachs
- Hering
- Forelle
- Makrele
- Heilbutt
- Quinoa
- Gerste
- Roggen
- Walnuss
- Ingwer
- Kurkuma
- Avocado
- Knoblauch
- Rote Zwiebel
- Minze
- Basilikum
- Rote Bete
- Schwarze Johannisbeere
- Heidelbeere
- Brombeere
- Grünkohl
- Brokkoli
- Rosenkohl
- Tomate
- Weißkohl

Die Top 5 der bedenklichen Nahrungsmittel

- Zucker
- Raffiniertes weißes Mehl
- Distelöl
- Traubenkernöl
- Sonnenblumenöl

FRÜHSTÜCK

Omelett mit Spinat und geräuchertem Heilbutt

Für 1 Person

2 große Eier

Meersalzflocken

1 TL Olivenöl extra vergine

25 g zarter Spinat

40 g geräucherter Heilbutt

1 EL in feine Röllchen geschnittener Schnittlauch

1 kleine Handvoll Dillspitzen

frisch gemahlener schwarzer Pfeffer

1. Die Eier in einer Schüssel mit einer Gabel verquirlen und mit einer Prise Salz würzen.
2. Olivenöl in einer beschichteten Pfanne erhitzen.
3. Die Eimasse in die Pfanne füllen und den Deckel auflegen. Das Omelett von einer Seite braten.
4. Omelett auf den Deckel gleiten lassen, wenden und in die Pfanne zurückgeben. Deckel wieder auflegen. Die andere Omelettseite braten.
5. Das Omelett auf einem Teller anrichten und rundum mit gewaschenem, abgetropftem Spinat garnieren.
6. Den Fisch auf das Omelett legen und mit Schnittlauch, Dill und Pfeffer bestreuen.

Nährwerte pro Portion

Brennwert: 307 kcal · Protein: 21,3 g · Fett: 24,1 g · Kohlenhydrate: 2,5 g · Ballaststoffe: 0,6 g

Wer für sein Omelett morgens eine Extraportion tierisches Fett haben möchte, rührt 1–2 Esslöffel Sahne unter die Eier und/oder nimmt 1 Teelöffel Butter zum Braten. Das gibt Fülle, aber auch Fettkalorien. 1 Esslöffel Sahne entspricht 54 Kalorien bzw. 6 Gramm Fett. 1 Teelöffel Butter hat 36 Kalorien bzw. 4 Gramm Fett.

Quinoa-Brei mit Beeren, Kiwi und Minze

Für 2 Personen

100 g Quinoaflocken, alternativ nur Haferflocken oder ein Mix aus beidem

200 ml Wasser

400 ml Magermilch (0,5 % Fett)

4 EL gekochte helle Quinoa*

Meersalzflocken

1 Kiwi

2–4 Erdbeeren, je nach Größe

1 kleine Handvoll Schwarze bzw. Rote Johannis- oder Heidelbeeren

1 Zweig Minze

2 TL gemahlener Zimt

2 TL feines Lakritzepulver (Süßholzpulver)

1 Die Flocken in einem Topf mit dem Wasser und 200 Milliliter Milch aufkochen. Den Brei bei schwacher Hitze unter Rühren etwa 1 Minute eindicken lassen.

2 Den Brei salzen und die bereits gekochte Quinoa unterrühren. Nochmals gut umrühren und Deckel auflegen.

3 Kiwi schälen und klein schneiden. Beeren und Minze waschen, verlesen und gegebenenfalls zerkleinern.

4 Den Brei mit Zimt, Lakritze, Kiwi, Beeren und Minze garnieren. Dazu schmecken 100 Milliliter kalte Milch pro Portion.

Es empfiehlt sich, für Müslis, Salate und Suppen stets gekochte Quinoa im Kühlschrank (hält 1–2 Tage) oder tiefgefroren vorrätig zu haben.

Nährwerte pro Portion

Brennwert: 337 kcal · Protein: 15,5 g · Fett: 5,3 g · Kohlenhydrate: 60,5 g · Ballaststoffe: 7,7 g

---

Wenn Sie diesen Brei für Ihr Frühstück vorbereiten, kochen Sie gleich eine etwas größere Portion. Mit Joghurt und/oder Skyr (isländisches Milchprodukt) sowie frischen Früchten, Beeren, Trockenobst und etwas Akazienhonig oder Agavensirup sowie Nüssen ergibt das eine perfekte Zwischenmahlzeit für den Nachmittag.

Joghurt mit Skyr, Quinoa-Brei, Kiwi und Beeren

Für 2 Personen

Müsli:

150 ml Walnussöl

150 ml Ahornsirup

2 EL fein geriebener Ingwer

400 g Quinoaflocken

½ TL Meersalzflocken

120 g Walnusskerne

120 g Kürbiskerne

300 g Skyr (isländisches Milchprodukt)

300 g Joghurt (3,5 % Fett)

6 EL Müsli

200 g gemischte Beeren je nach Jahreszeit: Schwarze und Rote Johannisbeeren, Heidel-, Erd-, Him- oder Brombeeren – oder nur eine Sorte

1 Kiwi

Zubereitung des Müslis

Backzeit: ca. 20 Minuten bei 200 °C

1. Das Öl mit Sirup, Ingwer, Quinoaflocken, Salz, grob gehackten Walnuss- und Kürbiskernen gut vermengen und in eine mit Backpapier ausgelegte ofenfeste Pfanne geben.
2. In den vorgeheizten Ofen stellen und das Müsli unter gelegentlichem Rühren 20 Minuten backen.
3. Die Pfanne aus dem Ofen nehmen und das Müsli darin abkühlen lassen. Gelegentlich umrühren.
4. Das Müsli in Schalen füllen.

Zubereitung des Gerichts

1. Skyr und Joghurt verrühren und mit Müsli, gewaschenen und verlesenen Beeren und geschälter, klein geschnittener Kiwi anrichten.

Nährwerte pro Portion

Brennwert: 430 kcal · Protein: 28,3 g · Fett: 18,4 g · Kohlenhydrate: 41,4 g · Ballaststoffe: 6,5 g

---

Öle mit niedrigem Fettsäuregehalt wie beispielsweise Raps- oder Nussöl sind meist in transparenten Flaschen abgefüllt. Man lagert sie am besten kühl und dunkel, sonst wird das Öl ranzig. Der niedrige Fettsäuregehalt lässt es nicht gerinnen. Olivenöl ist in dunklen Flaschen erhältlich und liebt in der Küche ebenfalls einen dunklen, kühlen Platz.

Spiegelei mit Salat aus Quinoa, Edamame-Bohnen, Tomaten und Minze

Für 2 Personen

200 g Quinoa

100 g TK-Edamame (grüne Sojabohnen)

1 TL Olivenöl extra vergine

Meersalzflocken

4 gelbe Cocktailtomaten

2 Zweige Minze

4 Eier

2 Butterflöckchen

2 EL in feine Röllchen geschnittener Schnittlauch

frisch gemahlener schwarzer Pfeffer

2 Zweige frische Brunnenkresse

1. Quinoa nach Packungsanweisung kochen.
2. Edamame-Bohnen auftauen. In einer Pfanne mit Öl kurz rösten und mit einer Prise Salz würzen.
3. Tomaten und Minze waschen, putzen und klein schneiden.
4. Quinoa, Edamame-Bohnen, Tomaten und Minze in einer Schüssel zu einem Salat vermischen.
5. Die Eier in einer Pfanne mit Butter zu Spiegeleiern braten und anschließend mit Schnittlauch, Pfeffer und Brunnenkresse garnieren.

Nährwerte pro Portion

Brennwert: 387 kcal · Protein: 21,9 g · Fett: 23,1 g · Kohlenhydrate: 24,9 g · Ballaststoffe: 2,7 g

---

Edamame-Bohnen (grüne Sojabohnen) sind in gut sortierten Supermärkten aus konventionellem oder biologischem Anbau mit oder tiefgekühlt ohne Schale erhältlich. Gedämpft oder gebraten schmecken sie als Beilage ebenso wie in Salaten und Suppen.

Avocado mit pochiertem Ei, Quinoa, Spinat und Schnittlauch

Für 2 Personen

50 g helle Quinoa

Meersalzflocken

1 Avocado

Saft und abgeriebene Schale von 1 Bio-Zitrone

50 g Spinat

50 g Salat mit leichter Bitternote: Friséesalat, wahlweise Herzblattsalat

150 g Kirschtomaten

1 EL Weißweinessig

2 Eier

4 EL Crème fraîche (18 % Fett)

2 EL in feine Röllchen geschnittener Schnittlauch

frisch gemahlener schwarzer Pfeffer

1. Quinoa in leicht gesalzenem Wasser nach Packungsanweisung kochen. In einem Sieb abkühlen lassen.
2. Das Avocadofruchtfleisch in Spalten schneiden und mit Zitronensaft beträufeln.
3. Spinat und Salat gut waschen und trocken schleudern.
4. Die Tomaten waschen und halbieren.
5. Reichlich Wasser in einem Topf mit etwas Essig bis kurz unter dem Siedepunkt erhitzen. Einen Strudel im Wasser erzeugen. Wenn er sich abschwächt, ein Ei langsam in die Strudelmitte gleiten lassen und 3 Minuten pochieren. Das Ei auf einen kleinen Teller mit Haushaltspapier legen. Vorgang mit dem zweiten Ei wiederholen oder aber zwei Kochtöpfe zum Pochieren verwenden.
6. Crème fraîche mit 1 Esslöffel Zitronensaft und etwas abgeriebener Zitronenschale verrühren. Mit Salz abschmecken.
7. Spinat, Salat, Avocado, Quinoa und Tomaten anrichten, mit Dressing beträufeln und mit Eiern, Schnittlauch und Pfeffer garnieren.

Nährwerte pro Portion

Brennwert: 373 kcal · Protein: 14,2 g · Fett: 22,1 g · Kohlenhydrate: 33,3 g · Ballaststoffe: 6,6 g

---

Zuerst die Avocado teilen, dann mit einem scharfen Messer in den Kern stechen und diesen herausziehen. So wird das Fruchtfleisch nicht beschädigt. Die Oberflächen sofort mit Zitronensaft beträufeln, damit sie nicht braun anlaufen.

MITTAGESSEN

Salat mit warm geräucherter Makrele und Dinkelgraupen

Für 2 Personen

80 g Dinkelgraupen

1 TL Olivenöl extra vergine

1 Knoblauchzehe

50 g Edamame-Bohnen ohne Schale (im Kühlregal der meisten Supermärkte erhältlich)

Meersalzflocken

2 Brokkoliröschen (à ca. 50 g)

1 TL kalt gepresstes Rapsöl

50 g gemischte zarte Salatblätter

1 kleine Handvoll frische Dillspitzen

10 kleine Kirschtomaten

150 g warm geräucherte Makrele

Dressing:

1 EL Dijon-Senf

50 ml Weißweinessig

200 ml Olivenöl extra vergine

Meersalzflocken und frisch gemahlener schwarzer Pfeffer

1. Die Graupen nach Packungsanweisung kochen. In einem Sieb abkühlen lassen.
2. Öl in einer Pfanne erhitzen. Knoblauch schälen, hacken und mit den Edamame-Bohnen kurz in der Pfanne anbraten. Leicht salzen.
3. Gewaschenen Brokkoli in eine Schale geben, salzen und mit Rapsöl beträufeln. Mit heißem Wasser übergießen und 3 Minuten stehen lassen. Brokkoli in einem Sieb abtropfen lassen und in kleine Stücke zerteilen.
4. Salatblätter und Dill waschen und trocken schleudern. Tomaten waschen, trocken tupfen und halbieren.
5. Den Salat mit Makrele, Dinkelgraupen, Bohnen, Brokkoli, Tomaten und Dill anrichten.
6. Aus den Zutaten für das Dressing eine Salatsauce anrühren und etwas davon über den Salat träufeln.

Nährwerte pro Portion

Brennwert: 534 kcal · Protein: 23,9 g · Fett: 32,9 g · Kohlenhydrate: 39,7 g · Ballaststoffe: 6,3 g

Für den Salat eignen sich warm geräucherte Makrele, Lachs oder leicht geräucherte Forelle. Sollte vom Vorabend noch gebackener Lachs übrig sein, können Sie ihn hier verwenden. Normaler Räucherlachs oder Heilbutt sind auch gute Alternativen. Das restliche Dressing hält sich gut einige Tage im Kühlschrank.

Lachs mit Brunnenkresse, Mayonnaise, Dill und schwarzem Pfeffer

Für 2 Personen

2 kleine Handvoll Salat (hier ist es Friséesalat, aber auch Rucola passt dazu)

1 kleine Handvoll frische Brunnenkresse

1 kleine Handvoll frische Dillspitzen

2 Scheiben Roggenbrot

200 g geräucherter Lachs

4 TL Mayonnaise

frisch gemahlener schwarzer Pfeffer

1. Salat und Kräuter gut waschen und trocken schleudern.
2. Die Roggenbrotscheiben mit Salat und Lachs belegen und mit Mayonnaise, Brunnenkresse, Dill und Pfeffer garnieren.

Nährwerte pro Portion

Brennwert: 325 kcal · Protein: 24,3 g · Fett: 15,5 g · Kohlenhydrate: 24,5 g · Ballaststoffe: 4,4 g

Heilbutt ist eine gute Alternative zum geräucherten Lachs. Die Brunnenkresse fungiert als aromatisches Gewürzkraut und wird hier mit frisch gemahlenem schwarzem Pfeffer kombiniert.

Smørrebrød mit Avocado, Tomate, Knoblauch und luftgetrocknetem Schinken

Für 2 Personen

2 Knoblauchzehen

1 EL Olivenöl extra vergine

2 Scheiben luftgetrockneter Schinken

2 Scheiben Roggenbrot

2 EL Mayonnaise

1 Avocado

1 Bio-Zitrone

2 Tomaten

1 Handvoll Rucola

½ TL zerstoßene Chiliflocken

2 EL in feine Röllchen geschnittener Schnittlauch

1. Den Grill des Backofens auf 200 °C vorheizen.
2. Den Knoblauch schälen und am besten mit einer Mandoline in sehr dünne Scheiben schneiden. In einer Pfanne mit Öl goldbraun braten und auf Haushaltspapier abtropfen lassen.
3. Die Schinkenscheiben auf ein mit Backpapier belegtes Blech legen und im Ofen ca. 7 Minuten rösten. Auf Haushaltspapier abkühlen lassen, dann fein hacken.
4. Die Brotscheiben mit Mayonnaise bestreichen.
5. Avocado schälen, halbieren und Kern entfernen. Fruchtfleisch in Scheiben schneiden und mit Zitronensaft beträufeln.
6. Die Tomaten waschen, Stielansatz entfernen und Fruchtfleisch in Scheiben schneiden.
7. Den Rucola gut waschen und trocken schleudern.
8. Die Rucolablätter auf den beiden Roggenbrotscheiben verteilen.
9. Als Nächstes Avocado- und Tomatenscheiben darauflegen.
10. Zum Schluss Brote mit Schinken, Schnittlauch, Knoblauchchips und Chili garnieren.

Nährwerte pro Portion

Brennwert: 390 kcal · Protein: 8,8 g · Fett: 26,2 g · Kohlenhydrate: 34,9 g · Ballaststoffe: 8,1 g

Geschmacklich harmonieren Avocado und Tomaten bestens. Bereiten Sie doch mal eine Guacamole aus Avocadomus, Zitronensaft, geriebenem Knoblauch und Tomatenwürfeln zu. Guacamole mit Tomaten ist ideal zum Dippen für Gemüsestäbchen.

Hähnchensalat mit Knoblauchchips und Walnüssen

Für 2 Personen

10 Walnusskernhälften

2 Knoblauchzehen

2 Hähnchenbrustfilets

Olivenöl extra vergine

Butter

Meersalzflocken

frisch gemahlener schwarzer Pfeffer

2 Köpfe Romanasalat

2 Tomaten

1 kleine Handvoll frisch gehobelte Parmesanspäne

Dressing:

100 g Skyr (isländisches Milchprodukt)

2 TL kalt gepresstes Raps- oder Olivenöl

1 EL fein geriebener Parmesan

Zitronensaft

2 EL in feine Röllchen geschnittener Schnittlauch

Meersalzflocken

frisch gemahlener schwarzer Pfeffer

Beilage:

getoastete Roggenbrotstangen oder Stangen aus hellem getoastetem Vollkornbrot

1. Die Walnüsse in einer Pfanne ohne Fett leicht rösten.
2. Knoblauch schälen und mit einer Mandoline in dünne Scheiben schneiden.
3. Das Hähnchenfleisch in dünne Streifen schneiden.
4. Die Knoblauchscheiben in einer Pfanne mit 1 Esslöffel Öl goldbraun braten. Auf Haushaltspapier abtropfen lassen.
5. Die Pfanne leicht mit Haushaltspapier auswischen.
6. 1 Esslöffel Olivenöl und 2 kleine Butterstücke in die Pfanne geben und aufschäumen lassen. Das Fleisch hineinlegen, braten und beim Wenden mit Salz und Pfeffer würzen. Es ist nach 5–7 Minuten gar. Die Fleischstreifen auf einen mit Haushaltspapier belegten Teller geben.
7. Den Salat gut waschen und trocken schleudern.
8. Die Tomaten waschen, Stielansatz entfernen und Fruchtfleisch in Spalten schneiden.
9. Alle Zutaten für das Dressing verrühren, Sauce mit Salz und Pfeffer abschmecken.
10. Den Salat mit Hähnchenfleisch, Tomaten, Walnüssen, Knoblauch, Dressing, Schnittlauch und Parmesan anrichten.

Nährwerte pro Portion

Brennwert: 483 kcal · Protein: 40,2 g · Fett: 21,3 g · Kohlenhydrate: 36,6 g · Ballaststoffe: 7,1 g

Tomatensalat mit Mozzarella, in Zitronensud pochiertem Hähnchenfilet und Minze

Für 2 Personen

2 Bio-Zitronen

2 Hähnchenbrustfilets

Meersalzflocken

1 Kugel Büffelmozzarella (ca. 60 g)

2 große Tomaten (vorzugsweise Fleischtomaten)

10 Kirschtomaten, gelb oder rot

1 kleine Handvoll frische Basilikumblätter

1 kleine Handvoll glatte Petersilie

1 kleine Handvoll frische Minzeblätter

2 kleine Handvoll Rucola

Dressing:

1 EL Dijon-Senf

50 ml Weißweinessig

200 ml Olivenöl extra vergine

Meersalzflocken

frisch gemahlener schwarzer Pfeffer

1. Zitronen gut waschen und etwas Schale von einer Zitrone zum Garnieren abreiben.
2. Den Saft beider Zitronen ausdrücken. Die Hähnchenbrustfilets in einen Topf geben und mit dem Zitronensaft beträufeln. So viel Wasser angießen, dass die Filets bedeckt sind. Salzen und aufkochen lassen. Das Fleisch ca. 15 Minuten garen.
3. Den Mozzarella in einem Sieb abtropfen lassen.
4. Die Tomaten waschen, Stielansatz entfernen und Fruchtfleisch in dünne Scheiben schneiden.
5. Kräuter und Rucola waschen, trocken schleudern. Basilikum in dünne Streifen schneiden, restliche Kräuterblättchen abzupfen.
6. Vor dem Zubereiten des Dressings sollten alle Zutaten Zimmertemperatur haben. Senf und Essig mischen und gut verrühren. Öl unter Rühren in einem dünnen Strahl dazugeben, sodass eine sämige Konsistenz entsteht. Salzen und pfeffern.
7. Das Fleisch in dünne Scheiben schneiden.
8. Die Tomatenscheiben mit Fleisch, einer halben Kugel Mozzarella, Rucola, Petersilie, Minze und Basilikum anrichten. Danach mit je 1 Esslöffel Dressing beträufeln und mit Pfeffer und Zitronenschale garnieren.

Nährwerte pro Portion

Brennwert: 375 kcal · Protein: 35 g · Fett: 21,3 g · Kohlenhydrate: 12,9 g · Ballaststoffe: 3,4 g

Das restliche Dressing hält sich gut einige Tage im Kühlschrank.

ZWISCHENMAHL-ZEITEN UND SNACKS

Diese Snacks können Sie vormittags, nachmittags oder abends essen – je nachdem, wann Sie hungrig sind.

Smoothie aus Schwarzen Johannisbeeren, Ingwer, Quinoa, Erdnusscreme und Lakritze

Für 1 Person

100 g Schwarze Johannisbeeren, gewaschen und verlesen

100 ml naturtrüber Apfelsaft

200 g Joghurt (3,5 % Fett)

1 EL Quinoaflocken

1 TL feine Erdnusscreme

1 TL fein geriebener Ingwer

1 TL feines Lakritzepulver (Süßholzpulver)

3 Eiswürfel

1 Alle Zutaten in einen Standmixer geben und fein pürieren.

2 Den Smoothie in ein eiskaltes Glas gießen, das entweder 1 Stunde im Kühlschrank stand oder etwa 10 Minuten im Gefrierfach lag.

Nährwerte pro Portion

Brennwert: 321 kcal · Protein: 11,6 g · Fett: 11,8 g · Kohlenhydrate: 45,5 g · Ballaststoffe: 6,7 g

---

Essen Sie national, regional, lokal – und der Jahreszeit entsprechend. Außerhalb der Beerenzeit gibt es tiefgekühlte Schwarze Johannisbeeren im Kühlregal gut sortierter Supermärkte. Vielleicht haben Sie ja sogar selbst welche im Sommer auf Vorrat eingefroren. Dann zögern Sie nicht, denn dann werden die Eiswürfel für den Smoothie quasi mit den Beeren mitgeliefert.

Vorgekochter Brei mit Beeren und Walnüssen

Für 2 Personen

100 g kalter Brei (siehe Quinoa-Brei, Seite 36) Wenn Sie Brei kochen, dann am besten gleich etwas mehr davon. So haben Sie für diesen Snack schon eine Portion im Kühlschrank.

400 g Joghurt (3,5 % Fett)

½ Vanilleschote, nur das Mark

4 TL Akazienhonig

1 Kiwi

4 Erdbeeren, alternativ Beeren oder Früchte der Saison

1 kleine Handvoll Schwarze Johannisbeeren oder Heidelbeeren

6 Walnusskernhälften

1 kleine Handvoll frische Minzeblätter

1. Den Brei mit Joghurt, Vanillemark und 2 Teelöffeln Honig anrühren.
2. Kiwi schälen und klein schneiden.
3. Die verschiedenen Beeren verlesen, waschen und evtl. klein schneiden. Brei mit Beeren und Kiwi belegen. Mit dem restlichen Honig beträufeln.
4. Die Walnusskernhälften in einer Pfanne ohne Fett rösten. Die Minze waschen und mit Haushaltspapier trocken tupfen.
5. Den Brei mit grob zerkleinerten Walnüssen und der Minze garnieren.

Nährwerte pro Portion

Brennwert: 344 kcal · Protein: 13 g · Fett: 13,3 g · Kohlenhydrate: 45 g · Ballaststoffe: 3,7 g

---

Wenn Sie unterwegs sind, können Sie in getrennten Behältern Müslifiocken, Joghurt, Obst und zum Beispiel Mandeln mitnehmen und diese Zutaten kurz vor dem Verzehr vermischen. Der Snack ist leicht, gut verdaulich und bringt ausreichend Energie, um den Arbeitsnachmittag gut zu überstehen.

Grüner Salat und Gemüse mit Obst und Nüssen

Für 1 Person

1 Kopf Romanasalat

1 kleine Handvoll frische Minzeblätter

1 große Birne

1 Karotte

Saft von ¼ Bio-Zitrone

8 Walnusskernhälften

1 Salat- und Minzeblätter waschen und trocken schleudern.

2 Birne und Karotte waschen, putzen, in Spalten bzw. Scheiben schneiden und mit Zitronensaft beträufeln. Mit dem Salat vermischen.

3 Die Walnusskernhälften in einer Pfanne ohne Fett rösten und mit der Minze über den Salat streuen.

Nährwerte pro Portion

Brennwert: 254 kcal · Protein: 5 g · Fett: 11,6 g · Kohlenhydrate: 37,8 g · Ballaststoffe: 10 g

---

Wenn so ein Snack an Ihrem Arbeitsplatz oder bei einer Besprechung nicht angeboten wird, bringen Sie ihn selbst mit. Sollte Ihnen der Ruf eines Snack-Stylisten vorauseilen, dann werden Sie ihm gerecht und ersetzen Sie trockenes Kleingebäck durch Frischgemüse, Früchte und Nüsse.

Hüttenkäse mit Avocado und Minze

Für 2 Personen

1 Avocado

1 Zitrone

1 kleine Handvoll frische Minzeblätter

200 g Hüttenkäse

2 TL schwarze Sesamsaat, Schwarzkümmelsamen oder geröstete helle Sesamsaat

1. Das Avocadofruchtfleisch in dünne Scheiben schneiden und mit etwas Zitronensaft beträufeln.
2. Minze waschen und trocken schütteln.
3. Hüttenkäse mit Avocado, Sesamsaat bzw. Schwarzkümmelsamen und Minze garnieren.
4. Die Zitrone danebenlegen, damit man sich bei Bedarf bedienen kann.

Nährwerte pro Portion

Brennwert: 230 kcal · Protein: 14,4 g · Fett: 15,3 g · Kohlenhydrate: 11 g · Ballaststoffe: 4 g

---

Dieser Snack kann sehr dekorativ angerichtet werden. Wenn Sie ihn als Lunch mitnehmen möchten, beträufeln Sie eine Avocadohälfte ohne Stein mit Zitronensaft und decken Sie sie fest mit Frischhaltefolie ab, damit das Fruchtfleisch nicht braun anläuft. Der Hüttenkäse kommt in ein kleines Gefäß und der Rest in einen extra Beutel. Das alles macht wenig Arbeit und ist eine gesunde Alternative, die nicht nur den Körper, sondern auch das Wohlfühlzentrum im Gehirn zufriedenstellt.

Spitzkohlsalat mit Tomaten, Oliven, gerösteten Kürbiskernen, Feta und Minze

Für 2 Personen

2 EL Kürbiskerne

Meersalzflocken

2 EL kleine braunschwarze Oliven ohne Stein

1 kleine Handvoll frische Minzeblätter

½ Kopf Spitzkohl

2 TL kalt gepresstes Rapsöl

100 g Kirschtomaten (am besten in verschiedenen Farben)

½ Gurke

75 g Feta

1. Die Kürbiskerne in einer Pfanne ohne Fett leicht rösten. Salzen. Zum Abkühlen auf einen Teller geben.
2. Die Oliven in einem kleinen Sieb abtropfen lassen.
3. Die Minze waschen und mit Haushaltspapier trocken tupfen.
4. Den Spitzkohl waschen, sehr fein hobeln und danach etwas Öl leicht einmassieren.
5. Die Tomaten waschen und halbieren.
6. Die Gurke waschen, längs halbieren, die Kerne herauskratzen und das Fruchtfleisch klein würfeln.
7. Den Spitzkohl mit Tomatenhälften, Gurkenwürfeln, Oliven, Kürbiskernen, zerkrümeltem Feta und Minze anrichten.

Nährwerte pro Portion

Brennwert: 289 kcal · Protein: 14,6 g · Fett: 19,4 g · Kohlenhydrate: 17,8 g · Ballaststoffe: 6,2 g

---

Sie können ganz normalen Spitzkohl oder die lila Variante verwenden. Letztere ist nicht mit Rotkohl zu verwechseln! Selbstverständlich eignen sich für dieses Gericht auch Weiß- oder Rotkohl.

Grüner Powerdrink*

Für 2 Personen

Schwarzkohl, Grünkohl, Wirsing oder Brokkoli (soll nach dem Entsaften insgesamt 200 ml Gemüsesaft ergeben)

1 Gurke

50 g zarter Spinat

1 Kiwi

1 kleine Handvoll frische Minzeblätter

400 ml naturtrüber Apfelsaft (er kann auch aus frischen Äpfeln gepresst werden)

1 EL Limetten- oder Zitronensaft

2 TL fein geriebener Ingwer

einige Eiswürfel

1. Kohl und Gurke putzen und gründlich waschen. Dann Saft daraus zubereiten.
2. Spinat und Minze verlesen, waschen und trocken schütteln. Kiwi schälen.
3. Den Kohl-Gurken-Saft mit Apfelsaft, Spinat, Kiwi, Minze, Limetten- oder Zitronensaft, Ingwer und Eiswürfeln im Standmixer pürieren.
4. Den Drink in eiskalte Gläser gießen, die entweder länger im Kühlschrank standen oder kurze Zeit im Gefrierfach lagen.

**** Dafür ist ein Entsafter (Slow Juicer für schonendes Entsaften) nötig sowie ein Mixer (Stand- oder Stabmixer).***

Nährwerte pro Portion

Brennwert: 193 kcal · Protein: 8,6 g · Fett: 1,5 g · Kohlenhydrate: 36,5 g · Ballaststoffe: 2 g

In dem süßfruchtigen, powervollen Saft mit lecker-frischem Geschmack steckt viel Gutes. Er ist genau dann richtig, wenn Sie tagsüber mal neue Energie brauchen. Sie werden die Power bis in die Fingerspitzen spüren. Der Drink eignet sich auch zum Mitnehmen in die Schule, das Büro, zum Joggen oder für ein Picknick.

Dattelkugeln mit Ingwer, Lakritze und Walnüssen

Für 20 Kugeln

3 große, frische Datteln

200 g Walnusskerne

1 EL fein geriebener Ingwer

2 EL feines Lakritzepulver (Süßholzpulver)

2 EL Akazienhonig oder Agavensirup

Kokosraspel

1 Die Datteln entkernen. Das Fruchtfleisch klein schneiden und in einer Pfanne mit 1 Esslöffel Wasser lauwarm erhitzen. Abkühlen lassen.

2 Die Walnusskerne in einer Pfanne ohne Fett rösten. Abkühlen lassen, dann grobkörnig mahlen.

3 Datteln, Ingwer, Lakritze und Honig mit den Walnüssen zu einer festen Masse vermengen.

4 Esslöffelgroße Häufchen aus dem Teig abstechen und zu Kugeln rollen.

5 Kugeln in Kokosraspeln wälzen und im Kühlschrank aufbewahren.

Nährwerte pro Portion

Brennwert: 104 kcal · Protein: 1,7 g · Fett: 7,1 g · Kohlenhydrate: 9,1 g · Ballaststoffe: 1,1 g

---

Dattelkugeln sind ausgesprochen gesunde Snacks, wahre Kraftpakete, aber auch »gefährlich«. Denn sie sind im Nullkommanichts weg, wenn man nicht sehr diszipliniert damit umgeht. Mit frischen Beeren und Früchten lassen sie sich wundervoll kombinieren. Im Kühlschrank halten sie sich in einem luftdicht verschließbaren Behälter aufbewahrt 1 Woche.

ABENDESSEN

Gebratener Lachs mit Zwiebel-Knoblauch-Spinat, Tomaten und Blumenkohl

Für 2 Personen

1 Schalotte

2 Knoblauchzehen

2 EL Olivenöl extra vergine

200 g Spinat

8 Kirschtomaten

Meersalzflocken

200 g kleine Blumenkohlröschen

kalt gepresstes Rapsöl

2 Lachsfilets (à ca. 150 g), ohne Gräten, mit Haut

frisch gemahlener schwarzer Pfeffer

1 kleine Handvoll frische Dillspitzen

1 kleine Handvoll Erbsensprossen

1. Schalotte schälen, fein würfeln. Knoblauchzehen schälen und in dünne Scheiben schneiden, am besten mit einer Mandoline. Beides in einer Pfanne mit 1 Esslöffel Olivenöl braten.
2. Den Spinat gründlich waschen und in einem Sieb gut abtropfen lassen. Spinat in die Pfanne geben und unter Wenden mitbraten.
3. Die Tomaten waschen, halbieren und in die Pfanne auf eine Seite legen, um sie zu erwärmen. Der Spinat dürfte zwischenzeitlich fast zusammengefallen sein. Alles mit Salz würzen.
4. Die gewaschenen Blumenkohlröschen in einem Topf oder einer Pfanne in leicht gesalzenem Wasser mit etwas Rapsöl einige Minuten garen.
5. In der Zwischenzeit den Lachs in einer zweiten Pfanne im zweiten Esslöffel Olivenöl mit der Hautseite oben braten – bei ziemlich hoher Hitze, bis der Kern, die Mitte des Filets, gar ist. Der Fisch wird erst vor dem Servieren gesalzen und gepfeffert.
6. Dill und Sprossen waschen und trocken schütteln.
7. Den Lachs auf Tellern anrichten und mit Spinat umlegen. Tomaten, Blumenkohl, Dill und Sprossen dekorativ darauf verteilen.

Nährwerte pro Portion

Brennwert: 448 kcal · Protein: 33,6 g · Fett: 30,3 g · Kohlenhydrate: 14 g · Ballaststoffe: 5,2 g

Lachs kann gebraten und auch im Ofen bei 200 °C Ober-/Unterhitze 12 Minuten gebacken werden. Dann sollten Sie gleich ein größeres Stück nehmen, damit es am nächsten Tag noch für einen Salat, ein Sandwich oder ein fein belegtes Smørrebrød reicht.

Bereiten Sie Ihre eigene Brühe als Basis für Suppen, Saucen und Eintöpfe zu. Dazu ein Suppenhuhn mit Zwiebel, Lauch, Karotte und Thymian, evtl. auch Knollensellerie und/oder Petersilienwurzel kochen. Erstgenanntes ist ein Muss, der Rest bleibt Ihnen überlassen. Alles ca. 1 Stunde in reichlich Wasser mit 1 Teelöffel Meersalz pro Liter kochen. Brühe dann abseihen, abkühlen lassen, in den Kühlschrank stellen oder einfrieren. Das Fleisch für Suppen, Salate oder Sandwichs verwenden.

Rote-Bete-Suppe mit Knoblauch, Dinkelgraupen und Schnittlauch

Für 2 Personen

1 große Knolle Rote Bete (ca. 300 g)

1 kleine, längliche Rote Bete

3 EL kalt gepresstes Rapsöl

75 g Dinkelgraupen

Meersalzflocken

1 rote Zwiebel

2 Knoblauchzehen

500 ml Hühner- und/oder Gemüsebrühe

1 EL dunkler Balsamico

frisch gemahlener schwarzer Pfeffer

2 EL in feine Röllchen geschnittener Schnittlauch

1. Backofen auf 150 °C Ober-/Unterhitze vorheizen.
2. Die große Knolle Rote Bete schälen und würfeln.
3. Die kleine, längliche Rote Bete schälen und in dünne Scheiben schneiden, am besten mit einer Mandoline. Die Scheiben mit 1 Esslöffel Öl bestreichen und auf ein mit Backpapier belegtes Blech legen. Im Ofen ca. 30 Minuten backen. Danach auf einem Teller mit Haushaltspapier auskühlen lassen.
4. Die Dinkelgraupen in leicht gesalzenem Wasser nach Packungsanleitung garen. In einem Sieb abtropfen lassen.
5. Zwiebel und Knoblauch schälen und würfeln. In einem Topf mit 1 Esslöffel Öl glasig dünsten. Rote Bete unterrühren. Brühe angießen und die Suppe 15 Minuten köcheln.
6. Den letzten Esslöffel Öl mit dem Essig unterrühren. Die Suppe mit Salz und Pfeffer abschmecken.
7. Die heiße Suppe mit Graupen, Rote-Bete-Chips und Schnittlauch anrichten.

Nährwerte pro Portion

Brennwert: 408 kcal · Protein: 13,3 g · Fett: 18,6 g · Kohlenhydrate: 53,7 g · Ballaststoffe: 12,8 g

Miesmuscheln mit Kohl-Pesto

Für 2 Personen

Kohl-Pesto:

100 g Walnusskerne

2 Tassen fein gehobelter Weiß-, Grün-, Schwarz-/ Palmkohl oder Wirsing

1 Knoblauchzehe

100 ml kalt gepresstes Rapsöl

50 g fein geriebener Parmesan, Pecorino oder alter Gouda

1 EL Zitronensaft

Meersalzflocken

frisch gemahlener schwarzer Pfeffer

Muscheln:

1½–2 kg frische Miesmuscheln

1 Schalotte

1 Stange Lauch

2 Stangen Staudensellerie

1 EL extra kalt gepresstes Rapsöl

1 Handvoll Thymian

Meersalzflocken

8 San-Marzano-Tomaten oder Datteltomaten, wahlweise Cocktail- oder Kirschtomaten

einige Stängel glatte Petersilie

200 ml Weißwein oder Gemüsebrühe

4 EL Kohl-Pesto

Beilage:

getoastetes Roggenbrot oder getoastetes helles Vollkornbrot (nach Belieben)

1 Walnüsse in einer Pfanne ohne Fett rösten und grob hacken.

2 Kohl waschen und trocken schleudern.

3 Kohl mit Nüssen, geschältem, fein geriebenem oder gepresstem Knoblauch, Öl, Käse und Zitronensaft vermengen. Mit Salz und Pfeffer abschmecken.

4 Die Muscheln wässern und gründlich abbürsten. Alle offenen Muscheln, die sich vor dem Kochen selbst bei festem Aufsetzen des Topfes auf die Tischkante nicht schließen, sofort entsorgen.

5 Schalotte schälen und würfeln. Lauch und Staudensellerie waschen, putzen. Lauch in dünne Scheiben und Sellerie in Stäbchen schneiden. Das Gemüse in einem Topf in etwas Rapsöl weich dünsten.

6 Den Thymian gründlich waschen und mit etwas Salz in den Topf geben.

7 Tomaten waschen, klein schneiden. Petersilie waschen, trocken schütteln und die Blätter abzupfen.

8 Muscheln, Tomaten, Petersilie (bis auf einige Blätter) und Weißwein oder Brühe in den Topf geben. Den Deckel auflegen, damit sich die Muscheln in den nächsten 3–4 Minuten in der Wärme öffnen. Geschlossene entsorgen.

9 Restliche Petersilie auf die Muscheln geben. Das Kohl-Pesto kann man gleichzeitig mit den Tomaten in den Topf geben oder auch als Dip zu den Muscheln servieren.

Nährwerte pro Portion

Brennwert: 503 kcal · Protein: 37,1 g · Fett: 27,9 g · Kohlenhydrate: 29,1 g · Ballaststoffe: 4,7 g

Nährwerte pro Portion

Brennwert: 462 kcal · Protein: 43,4 g · Fett: 10,2 g · Kohlenhydrate: 54,9 g · Ballaststoffe: 11,9 g

---

Für die Zubereitungsart »en papillote« eignet sich nahezu jeder Fisch. Gemüse und Kräuter werden der Jahreszeit entsprechend ausgewählt. Das Gericht ist gesund und schmeckt supergut. Der Geschmack wird durch die »eingepackten« Zutaten intensiviert.

Dorsch »en papillote« mit Gemüse, Zitrone und Kräutern

Für 2 Personen

1 rote Zwiebel

2 Knoblauchzehen

2 Stangen Lauch

100 g Weiß-, Grün-, Schwarz-/Palmkohl, Wirsing oder Spitzkohl - je nach Jahreszeit und Angebot

2 Tomaten

1 kleine Handvoll frische Dillspitzen

1 kleine Handvoll glatte Petersilie

2 Dorschfilets (à 175–200 g), ohne Haut

2 kleine Butterflocken

2 TL kalt gepresstes Rapsöl

1 Bio-Zitrone, in Scheiben geschnitten

Meersalzflocken

frisch gemahlener schwarzer Pfeffer

1 Handvoll frische Brunnenkresse

Beilage:

300 g mit der Schale gekochte oder geschälte Asparges (Dänische Spargelkartoffeln) mit Petersilie- oder Schnittlauch-Topping

1 Die Kartoffeln kochen.

2 Backofen auf 190 °C Ober-/Unterhitze vorheizen.

3 Zwiebel und Knoblauch schälen, Zwiebel in dünne Spalten schneiden, Knoblauch andrücken.

4 Lauch und Kohl waschen, putzen und zerkleinern. Die Tomaten waschen und in Spalten schneiden.

5 Dill und Petersilie waschen und mit Haushaltspapier trocken tupfen.

6 Aus den Dorschfilets etwaige Gräten entfernen.

7 Folgende Zutaten auf zwei Bogen Backpapier verteilen: Zwiebel, Knoblauch, Lauch, Kohl, Fisch, Tomaten, Kräuter, Butter, Öl und Zitronenscheiben.

8 Gemüse und Fisch salzen und pfeffern. Danach das Papier nach oben zusammenziehen und verschnüren. Päckchen im Backofen 20 Minuten backen.

9 Die Fischpäckchen mit Brunnenkresse garnieren und mit Kräuterkartoffeln als Beilage servieren.

Hähnchenfilet mit Weißkohl, Curry und Kurkuma

Für 2 Personen

100 g weiße Bohnen

Meersalzflocken

1 Zwiebel

2 Knoblauchzehen

1 EL kalt gepresstes Rapsöl

1 TL fein geriebener Ingwer

1 TL fein gemahlene oder frisch geriebene Kurkuma

1 EL Currypulver

2 Hähnchenbrustfilets

100 ml Hühner- und Gemüsebrühe

1 Kopf Spitzkohl

100 ml Kokosmilch

100 ml Magermilch (0,5 % Fett)

frisch gemahlener schwarzer Pfeffer

1 große Handvoll Erbsensprossen

1 Die Bohnen waschen. In reichlich Wasser einweichen und ca. 8 Stunden in den Kühlschrank stellen. Danach nochmals waschen und 35 Minuten in leichtem Salzwasser weich kochen.

2 Zwiebel und Knoblauch schälen, würfeln und in einem Topf mit Rapsöl glasig dünsten.

3 Ingwer, Kurkuma, Curry und etwas Salz hinzufügen.

4 Das Fleisch in Streifen schneiden, in den Topf geben und alles gut verrühren. Die Brühe angießen.

5 Den Spitzkohl waschen, fein hobeln und unterrühren.

6 Kokos- und Magermilch angießen und alles 10 Minuten sanft köcheln lassen. Die Bohnen nach 5 Minuten hinzufügen und den Rest der Zeit mitgaren.

7 Das Gericht mit Salz und Pfeffer abschmecken und mit Erbsensprossen anrichten.

Nährwerte pro Portion

Brennwert: 614 kcal · Protein: 43,9 g · Fett: 29,6 g · Kohlenhydrate: 50,8 g · Ballaststoffe: 14,2 g

---

Verwenden Sie möglichst frische Kurkuma, wenn Sie sie bekommen. Ansonsten bitten Sie Ihren Gemüsehändler, ob er sie Ihnen besorgen kann. Vielleicht haben Sie ja auch in der Gemüseabteilung Ihres Supermarktes Glück. Andernfalls weichen Sie auf gemahlene Kurkuma aus. Da frische Wurzeln stark abfärben, sollten Sie beim Putzen Gummihandschuhe tragen und zum Schutz ausreichend Haushaltspapier verwenden.

Hackbällchen in Currysauce mit Ingwer, Roter Bete und Dinkelgraupen

Für 4 Personen

2 EL + 200 g Dinkelgraupen

Meersalzflocken

1 Zwiebel

1 Knoblauchzehe

400 g mageres Kalbshackfleisch oder wahlweise halb Kalbs- und halb Schweinehackfleisch

1 EL fein geriebener Ingwer

1 Ei

4 EL Magermilch + 250 ml (0,5 % Fett)

frisch gemahlener schwarzer Pfeffer

2 kleine Rote Beten (ca. 300 g)

1 TL kalt gepresstes Rapsöl

1 TL Balsamico

1 Karotte

1 säuerlicher Apfel (z. B. Elstar)

4 EL in feine Röllchen geschnittener Schnittlauch

1 Zitrone

40 g Butter

4 EL Bio-Weizenmehl

1 EL Currypulver

2 TL frisch geriebene Kurkuma

250 ml Hühner- und/oder Gemüsebrühe

1 Die Dinkelgraupen komplett in leicht gesalzenem Wasser nach Packungsanleitung garen.

2 Zwiebel und Knoblauch schälen und fein hacken bzw. pressen. Hackfleisch mit 2 Esslöffeln Graupen, Zwiebel, Knoblauch, Ingwer, Ei, 4 Esslöffeln Milch, Salz und Pfeffer gründlich vermischen.

3 Rote Beten schälen und in eine Schüssel reiben. Mit 1 Teelöffel Öl und Balsamico gut vermischen.

4 Die Karotte bürsten oder schälen und in dünne Scheiben schneiden.

5 Den Apfel schälen, Kerngehäuse entfernen und Fruchtfleisch klein würfeln und mit Schnittlauch und etwas Zitronensaft vermengen.

6 Butter zerlassen, Mehl darin anschwitzen und Curry und Kurkuma unterrühren. Mit Brühe und 250 Millilitern Milch ablöschen. Die Sauce unter Rühren 5 Minuten köcheln lassen. Mit Salz und Pfeffer abschmecken.

7 Aus der Hackfleischmasse Bällchen formen und diese in einen Topf mit kochendem Wasser legen und knapp unter dem Siedepunkt ca. 10 Minuten ziehen lassen. Die Dauer hängt von der Größe der Bällchen ab. Sie steigen hoch, wenn sie fertig sind. Bei abgeschaltetem Herd weitere 10 Minuten ziehen lassen.

8 Die Bällchen mit Sauce, Schnittlauch und Apfelwürfeln anrichten. Als Beilage Dinkelgraupen, Rote Beten und Karottenscheiben reichen.

Nährwerte pro Portion

Brennwert: 588 kcal · Protein: 35,5 g · Fett: 18,3 g · Kohlenhydrate: 74,4 g · Ballaststoffe: 8,9 g

Hähnchen-Saltimbocca mit Gerstengraupen

Für 2 Personen

50 g Gerstengraupen

Meersalzflocken

2 Hähnchenbrustfilets

2 Scheiben luftgetrockneter Schinken

6 Salbeiblätter

2 Knoblauchzehen

3 Schalotten

2 EL Olivenöl extra vergine

1 Handvoll glatte Petersilie

frisch gemahlener schwarzer Pfeffer

20 Kirschtomaten

200 ml Weißwein oder Gemüsebrühe

6 Rouladennadeln

1. Die Graupen waschen und nach Packungsanweisung in Salzwasser kochen.
2. Jedes Filet in eine Plastiktüte geben und flach klopfen.
3. Je 1 Scheibe Schinken und 3 Salbeiblätter mithilfe der Rouladennadeln auf jedem Hähnchenfilet fixieren.
4. Knoblauch und Schalotten schälen. Knoblauch in hauchdünne Scheiben schneiden, am besten mit der Mandoline. Schalotten in feine Scheiben schneiden.
5. Die Knoblauchscheiben in einer Pfanne mit 1 Esslöffel Öl goldbraun braten. Auf Haushaltspapier abtropfen lassen.
6. Petersilie waschen, trocken schütteln und hacken.
7. Das Fleisch von beiden Seiten 3–4 Minuten in einem weiteren Esslöffel Öl in der Pfanne braten. Beiseitestellen.
8. Die Schalotten in der Pfanne im Öl, in dem die Filets gebraten wurden, glasig dünsten. Mit Pfeffer würzen.
9. Die Tomaten waschen und mit den Knoblauchchips dazugeben. Wein oder Brühe angießen. Alles kurz aufkochen.
10. Zum Schluss das Fleisch hineinlegen und gut erwärmen. Mit Salz und Pfeffer abschmecken.
11. Die Hähnchenbrustfilets mit Graupen, Knoblauchchips, Schalotten, Tomaten und Petersilie anrichten. Die Nadeln aus dem Fleisch entfernen.

Nährwerte pro Portion

Brennwert: 442 kcal · Protein: 34,4 g · Fett: 18,7 g · Kohlenhydrate: 37,7 g · Ballaststoffe: 6,7 g

Das Gericht entspricht nicht ganz dem italienischen Original, denn dann müsste das Fleisch vom Kalb sein und die Beilage aus Pasta bestehen. Wie auch immer, diese südlich inspirierte Saltimbocca ist trotzdem höchst beliebt.

Nährwerte pro Portion

Brennwert: 490 kcal · Protein: 44 g · Fett: 22 g · Kohlenhydrate: 34,7 g · Ballaststoffe: 10,1 g

---

Sie können die Hackbällchen braten oder auch im Ofen backen. Letzteres geht ganz einfach. Ein besonders gutes Resultat erzielen Sie, wenn das Hackfleisch von bester Qualität ist und einen Fettgehalt von ca. 10 Prozent besitzt – oder noch weniger, so wie beim Steak. Apropos beste Qualität: Wenn Sie Zeit haben, gehen Sie doch beim Metzger vorbei und lassen sich das Hackfleisch frisch durchdrehen.

Hackbeefsteak mit Salbei, gebackenen Roten Beten und Brokkoli

Für 2 Personen

400 g Rote Beten

kalt gepresstes Rapsöl

Meersalzflocken

frisch gemahlener schwarzer Pfeffer

10 Haselnüsse, geröstet, ohne Haut

1 kleine Handvoll glatte Petersilie

6 Brokkoliröschen

300 g Rinderhackfleisch (max. 10 % Fett)

6 Salbeiblätter

½ Zitrone

1. Backofen auf 200 °C Ober-/Unterhitze vorheizen.
2. Die Roten Beten schälen. In Stäbchen schneiden und in 1 Esslöffel Öl wenden. Das kann man auf einem Blech oder in einer Plastiktüte machen. Mit Salz und Pfeffer würzen. Die Stäbchen auf ein mit Backpapier belegtes Blech legen und im Ofen 30 Minuten backen.
3. Die Haselnüsse teilen. Sollten Sie sie ungeröstet und mit Haut gekauft haben, können Sie die Nüsse selbst rösten und dann zwischen den Händen reiben, damit sich die Haut ablöst.
4. Die Petersilie waschen, trocken schütteln und die Blätter abzupfen.
5. Den Brokkoli grob zerteilen, waschen und in einen Topf legen. Mit etwas Öl beträufeln und leicht salzen.
6. Das Hackfleisch zu zwei flachen Küchlein formen. Mit Salz und Pfeffer würzen. In zwei kleine »Tarteschalen« legen oder in eine mit Backpapier ausgelegte Ofenform. Mit Salbeiblättern belegen, diese mit Rapsöl beträufeln. Küchlein im Ofen, je nach Dicke, 15–20 Minuten backen. Alternativ kann das Hackfleisch auch in einer Pfanne gebraten werden.
7. Brokkoli mit heißem Wasser übergießen, kurz blanchieren. Flüssigkeit abgießen und Brokkoli im Topf warm halten.
8. Haselnüsse und Petersilie über die Roten Beten geben. Etwas Zitronensaft über den Brokkoli träufeln. Beides zusammen mit den Beefsteaks anrichten.

Schweinefleisch mit Kohl und Kichererbsen

Für 2 Personen

75 g Kichererbsen

Meersalzflocken

1 Zwiebel

2 Knoblauchzehen

2 EL Olivenöl extra vergine

2 TL fein geriebener Ingwer

300 g Schweinekoteletts oder Kalbsschnitzel aus der Oberschale

300 g Schwarz-/Palmkohl oder Wirsing

100 ml Gemüsebrühe

frisch gemahlener schwarzer Pfeffer

1. Die Kichererbsen mindestens 8 Stunden in warmem Wasser einweichen. Abgießen und gründlich abspülen.
2. In einem Topf mit Salzwasser etwa 40 Minuten kochen – oder Sie bedienen sich Ihrer Vorräte im Gefrierfach. Das ist die beste Alternative zu Kichererbsen aus der Dose.
3. Die Zwiebel schälen und fein hacken.
4. Den Knoblauch schälen und mit einer Mandoline in dünne Scheiben schneiden.
5. Zwiebel und Knoblauch in 1 Esslöffel Öl in einem Topf glasig dünsten. Ingwer hinzufügen und leicht salzen.
6. Das Fleisch mit Haushaltspapier trocken tupfen und in Streifen schneiden. In den Topf geben und unter Wenden mitbraten.
7. Den Kohl waschen, putzen, fein schneiden, hinzufügen und gut unterrühren.
8. Die Brühe angießen. Alles 10 Minuten sanft köcheln lassen.
9. Zum Schluss 1 Esslöffel Öl unterrühren, mit Salz und Pfeffer abschmecken und die Kichererbsen hinzugeben.

Nährwerte pro Portion

Brennwert: 464 kcal · Protein: 44,8 g · Fett: 16,9 g · Kohlenhydrate: 36,4 g · Ballaststoffe: 6,4 g

---

Das Schweinefleisch kann durch Hähnchen-, Puten-, Kalb-, Lamm- oder Rindfleisch ersetzt werden. Das magere Fleisch wird in Streifen geschnitten, gebraten und mit leckeren, gesunden Beilagen angerichtet.

Gebackene Hacksteaks mit Quinoa, Blumenkohl und Brokkoli

Für 2 Personen

300 g mittelgroße Kartoffeln

4 Knoblauchzehen

kalt gepresstes Rapsöl

Meersalzflocken

frisch gemahlener schwarzer Pfeffer

1 kleine Zwiebel

250 g Schweine- und Kalbshackfleisch (max. 10 % Fett)

4 EL gekochte Quinoa*

1 Ei

150 g Blumenkohl

150 g Brokkoli

6 Salatblätter von z. B. Romanasalat oder wie hier vom leicht bitteren Radicchio (als Salatschalen)

1 Backofen auf 200 °C Ober-/Unterhitze vorheizen.

2 Die Kartoffeln waschen, quer halbieren und trocken tupfen. Die Knoblauchzehen andrücken und quer halbieren. Kartoffeln und Knoblauch mit 1 Esslöffel Rapsöl bestreichen und mit Salz und Pfeffer würzen. In eine mit Backpapier belegte Ofenform schichten und im vorgeheizten Ofen 25 Minuten backen.

3 Zwiebel schälen und fein hacken. Mit Hackfleisch, Quinoa und Ei vermischen. Die Masse mit Salz und Pfeffer würzen und Fleischplätzchen daraus formen. Auf ein mit Backpapier belegtes Blech oder in eine Ofenform legen und im Ofen 15–20 Minuten, je nach Größe, backen.

4 Blumenkohl und Brokkoli waschen, in große Röschen teilen. In einen Topf geben, mit etwas Rapsöl beträufeln und salzen. Mit kochendem Wasser übergießen und einige Minuten bissfest garen, dann abgießen.

5 Salatblätter waschen und trocken schütteln. Gemüse, Hacksteaks, Kartoffeln und Knoblauch in den Salatblättern anrichten.

Das entspricht 2 Esslöffeln rohen Quinoasamen. Man kann etwas mehr vorkochen und den Rest am nächsten Tag in einem Salat verwerten – oder einfrieren.

Nährwerte pro Portion

Brennwert: 561 kcal · Protein: 39,8 g · Fett: 25,1 g · Kohlenhydrate: 48,1 g · Ballaststoffe: 7,6 g

Sie können die Hacksteaks braten, jedoch auch – wie hier im Rezept – im Ofen backen. In die Farce wird gekochte Quinoa gemischt. Zugegeben, das ist nicht ganz traditionell. Man könnte auch Gersten-, Dinkelgraupen oder Vollkornbulgur nehmen. Allerdings nicht zu viel, die Masse soll sich gut binden.

Die Autoren

Anne Larsen

Die Rezepte stammen von Anne Larsen, Food-Journalistin, Referentin und Konzeptentwicklerin. Sie ist Autorin vieler Kochbücher und veröffentlicht Rezepte in Zeitschriften, Zeitungen und im Fernsehen. Beispielsweise ist sie mit der Entwicklung von Rezepten für die dänische Discountkette »fakta« und das Magazin »iForm« beschäftigt.

Martin Kreutzer

Der ernährungstheoretische Teil und die Nahrungsmittelliste stammen von Martin Kreutzer, einem der bekanntesten dänischen Fachleute für leistungssteigernde Ernährung. Seine zahlreichen Bücher – einige davon in Zusammenarbeit mit Anne Larsen – sind bei renommierten Verlagen erschienen.